BEI GRIN MACHT SIC
WISSEN BEZAHLT

- Wir veröffentlichen Ihre Hausarbeit,
  Bachelor- und Masterarbeit

- Ihr eigenes eBook und Buch -
  weltweit in allen wichtigen Shops

- Verdienen Sie an jedem Verkauf

Jetzt bei www.GRIN.com hochladen
und kostenlos publizieren

Bibliografische Information der Deutschen Nationalbibliothek:

Die Deutsche Bibliothek verzeichnet diese Publikation in der Deutschen National-
bibliografie; detaillierte bibliografische Daten sind im Internet über http://dnb.d-
nb.de/ abrufbar.

Impressum:

Copyright © 2015 GRIN Verlag, Open Publishing GmbH
Druck und Bindung: Books on Demand GmbH, Norderstedt Germany
ISBN: 978-3-668-03565-2

Yvonne Losensky

Wachstums- und Innovationsmotor des zweiten Gesundheitsmarktes. Handlungsfelder, Leistungen und Aussichten

GRIN Verlag

GRIN - Your knowledge has value

Der GRIN Verlag publiziert seit 1998 wissenschaftliche Arbeiten von Studenten, Hochschullehrern und anderen Akademikern als eBook und gedrucktes Buch. Die Verlagswebsite www.grin.com ist die ideale Plattform zur Veröffentlichung von Hausarbeiten, Abschlussarbeiten, wissenschaftlichen Aufsätzen, Dissertationen und Fachbüchern.

Besuchen Sie uns im Internet:

http://www.grin.com/

http://www.facebook.com/grincom

http://www.twitter.com/grin_com

WACHSTUMS- UND INNOVATIONSMOTOR DES ZWEITEN GESUNDHEITSMARKTES

HAUSARBEIT

4. SEMESTER

WIRTSCHAFTSWISSENSCHAFTEN MIT DER SPEZIALISIERUNG GESUNDHEITSMANAGEMENT

Inhalt

I

1 Einleitung

Gesundheit ist ein wertvolles Gut und kann sehr kostenintensiv werden. Die Nachfrage und vor allem das Angebot an Gesundheitsdienstleistungen in Deutschland sind fast unbegrenzt. Nicht selten ist ein kranker Mensch bereit, jeden Betrag für die Wiederherstellung oder Erhaltung seiner Gesundheit zu zahlen. Und mit höherem Einkommen steigt der Stellenwert der eigenen Gesundheit im Leben eines Menschen. Die Bevölkerung in Deutschland wird immer älter. Gesundheit, vor allem im hohen Alter, ist zum Maßstab der Lebensqualität und marktfähigen Konsumgut geworden. Seit mehreren Jahren befindet sich der deutsche Gesundheitsmarkt im Wandel. Auf der einen Seite gibt es das unüberschaubare Angebot an Medikamenten, Nahrungsergänzungsmitteln oder auch Wellness- und Fitnessangeboten. Zum anderen wird im Fernsehen oder Zeitschriften immer wieder über Gesundheitsthemen jeglicher Art geschrieben. Die Bevölkerung hat ein immer größer werdendes Interesse an Medizin, Fitness und Wohlbefinden. Wenn Kunden zu selbstbewussten Marktteilnehmern werden und eine Skepsis gegenüber neuen Versprechungen der Gesundheitsindustrie aufbauen, kommt der Vertrauensbildung eine immer wichtigere Rolle zu. Die Gesundheitswirtschaft hat schon heute Entwicklungspotenzial und wird der Motor für ein zukünftiges Wirtschaftswachstum sein.

In der folgenden Arbeit geht es um den Innovations- und Wachstumsmotor des zweiten Gesundheitsmarktes. Die Arbeit unterteilt sich in unterschiedliche Abschnitte. Am Anfang erfolgt eine Unterteilung und Definition des ersten und zweiten Gesundheitsmarktes. Wie sind diese Märkte aufgebaut, wie ist ihre Finanzierung und welche Leistungen kann der Patient dort erhalten. Als nächstes werden verschiedene Wirkungsbereiche des zweiten Gesundheitsmarktes dargestellt und diese in die Bereiche privatfinanzierte elektive Leistungen, individuelle Gesundheitsleistung, Mundgesundheit, ästhetische Medizin und Komplementärmedizin, maßgeschneiderte Gesundheitsförderung, betriebliches Gesundheitsmanagement, Haushalte und Gesundheitstourismus/ Medical Wellness unterteilt. Der letzte Abschnitt handelt von Innovationen und Wachstumsantreibern auf dem zweiten Gesundheitsmarkt. Am Ende der Arbeit erfolgt ein Fazit über das Thema.

In der Arbeit soll herausgefunden werden, ob der zweite Gesundheitsmarkt weiter wächst und neue Chancen für die Wirtschaft und den Arbeitsmarkt bietet. Es sollen

Gründe ermittelt und beschrieben werden und in welchem Maße der zweite Gesundheitsmarkt weiter wachsen wird. Und ob das Wachstum des Marktes dazu führt, dass weiterhin neue Innovationen auf dem Markt eingeführt und vertrieben werden, die Anzahl der Arbeitsplätze und die Investitionen weiter steigen?

2 Unterscheidung erster und zweiter Gesundheitsmarkt

Die deutsche Gesundheitswirtschaft setzt sich aus zwei Märkten[1] zusammen, den klassischen ersten und den privaten zweiten Gesundheitsmarkt. Der erste Gesundheitsmarkt umfasst alle Dienstleistungen und Güter, die der Rehabilitation und Erhaltung der Gesundheit dienen und durch die gesetzlichen und privaten Krankenkassen, Pflege-, Renten-, Unfallversicherung und öffentlichen Haushalte[2] finanziert werden.[3] Es ist ein regulierbarer Markt, dessen Wachstum durch Gesetzte (Gesundheitsreformen)[4] zur Begrenzung der Ausgaben der gesetzlichen Krankenkassen für Arzneimittel, Krankenhäuser und ärztliche Leistungen seit Jahrzehnten bewusst eingedämmt wird. Dennoch steigen die Gesundheitsausgaben durchschnittlich um 2,5 % pro Jahr.[5] Die Wirksamkeit und Qualität der Leistungen müssen den allgemein anerkannten Standards entsprechen und den medizinischen Fortschritt berücksichtigen.[6]

Der zweite Gesundheitsmarkt beinhaltet alle gesundheitsrelevanten Güter und Dienstleistungen, die vom Patienten oder Kunden selbst finanziert werden. Darunter zählen Medizintechnik, alternative Heilmethoden und der private Konsum von Präventionsdienstleistungen. Dazu kommt der Gesundheitstourismus, Lebensmittel aus biologischem Anbau, Naturkosmetik oder Fitness.[7] Immer mehr Ärzte und Zahnärzte bieten individuelle Gesundheitsleistungen (IGeL Leistungen)[8]

---

[1] Bei einem Markt handelt es sich um das Zusammentreffen von Angebot und Nachfrage, aufgrund dessen sich Preise bilden.

[2] Öffentliche Haushalt: Darstellung der öffentlichen Finanzwirtschaft und erfüllt zum Zwecke Rechnungslegung nach bestimmten Grundsätzen bei den haushaltsführenden Stellen wie Bund, Bundesländern, Gemeinden, Gemeindeverbänden sowie Anstalten des öffentlichen Rechts und Körperschaften des öffentlichen Rechts.

[3] Der Gesundheitsmarkt; http://www.ggrdl.de/ggr_definitionen.html#Gesundheitsmarkt vom 13.01.2015

[4] Gesundheitsreform umfasst gesetzgeberische Maßnahmen zur Änderung der Rahmenbedingungen im Gesundheitswesen und in der Krankenversicherung. Das Hauptziel der Gesundheitsreformen in Deutschland war die Kostendämpfung bei den Gesundheitsausgaben sowie die Stärkung von Wettbewerb.

[5] Die neue Kur als Wachstumsmotor in Deutschland; http://www.deutscher-heilbaederverband.de/Grundsatzpapier-672829.pdf vom 13.01.2015

[6] § 2 Abs. 1 Satz 3 Sozialgesetzbuch V

[7] Der Gesundheitsmarkt; http://www.ggrdl.de/ggr_definitionen.html#Gesundheitsmarkt vom 13.01.2015

[8] Im weiteren Verlauf der Arbeit wird nur noch von IGeL gesprochen.

an, denn diese sind eine zusätzliche und lukrative Einnahmequelle. Die IGeL[9] [10] sind ärztliche und zahnärztliche Leistungen, die nicht im Leistungskatalog der gesetzlichen Krankenkassen (GKV) vorhanden sind. Die IGeL wurden 1998 in einem Katalog zusammengefasst von der Kassenärztlichen Bundesvereinigung (KBV)[11] und freien ärztlichen Berufsverbänden herausgegeben und werden ständig überarbeitet.[12] Laut einer Umfrage des Wissenschaftlichen Instituts der AOK gab jeder Patient im Jahr 2012 pro IGeL 70 Euro aus.[13] Was bei einem Umfang von rund 18,2 Millionen erbrachten IGeL einen zusätzlichen Umsatz von rund 1,3 Milliarden Euro ausmacht.[14] Der größte Teil der Leistungen befindet sich im Bereich solcher medizinischer Maßnahmen zur Vorsorge, Früherkennung und Therapie von Krankheiten, die bisher nicht zeigen konnten, dass sie, wie es das Gesetz fordert, „ausreichend, zweckmäßig und wirtschaftlich sind und das Maß des Notwendigen nicht überschreiten".[15]

Die Leistungen sind nicht dringend erforderlich, werden aber von Ärzten empfohlen und von den Patienten gewünscht. Der Patient erhält die Leistungen aufgrund eines privat abgeschlossenen Behandlungsvertrages mit dem Arzt. Bei den Leistungen auf dem zweiten Gesundheitsmarkt geht es primär nicht darum, eine Krankheit zu bekämpfen, sondern um die Prävention und Vorsorge. Dabei spielen Apotheker oder Physiotherapeuten auch eine große Rolle. Die Leistungen unterliegen der Umsatzsteuer, denn nur Leistungen auf dem ersten Gesundheitsmarkt mit einem therapeutischen Ziel sind steuerfrei (§4 UStG)[16].[17] Der Arzt muss sich im Vorfeld gut überlegen, ob sich IGeL für seine Praxis

---

[9] Was sind "individuelle Gesundheitsleistungen" (IGeL)?;
http://www.aok.de/bundesweit/gesundheit/ige-leistungen-grundlagen-5294.php vom 20.01.2015

[10] Was sind IGeL?; http://www.igel-monitor.de/94.htm vom 10.01.2015

[11] KBV: Kassenärztliche Bundesvereinigung, ist die Interessenvertretung der niedergelassenen Vertragsärzte und -psychotherapeuten in Deutschland. Es ist eine Körperschaft des öffentlichen Rechts und untersteht der staatlichen Aufsicht des Bundesministeriums für Gesundheit.

[12] Noweski, M.; Der Gesundheitsmarkt; 1. Auflage 2008; Berlin; S. 534

[13] Private Zusatzleistungen in der Arztpraxis;
http://www.wido.de/fileadmin/wido/downloads/pdf_wido_monitor/wido_mon_ausg1-2013_0313.pdf vom 23.01.2015; S. 4

[14] Zok, K.; Private Zusatzleistungen in der Arztpraxis; 1. Auflage 2013; Berlin; S. 4

[15] § 12 Wirtschaftlichkeitsgebot Sozialgesetzbuch V

[16] § 4 UStG: Umsatzsteuergesetz, Steuerbefreiungen bei Lieferungen und sonstigen Leistungen

[17] Noweski, M.; a.a.O.; S. 535

lohnen.[18] Es muss eine Marketing Strategie für die Praxis überdacht werden, Personal muss geschult und Konzepte entwickelt werden. Für den Arzt kann es so ausgelegt werden, als ob dieser damit wirtschaftliche Interessen verfolgt, aber es sollte im Vordergrund die Behandlung und Prävention von Krankheiten liegen. Es wird das Ziel verfolgt, für Deutschland eine eigene Infrastruktur eines privatmedizinischen zweiten Gesundheitsmarktes aufzubauen.[19] Durch die damalige Einführung der Praxisgebühr[20] in die Praxen, wurde Patienten das Bewusstsein gegeben, das ärztliche Leistungen auch Geld kosten. Das kommt dem zweiten Gesundheitsmarkt verstärkt zu Gute, denn Patienten empfinden den Umgang mit Geld in Praxen nun mehr als Normalität.

3 Handlungsfelder auf dem zweiten Gesundheitsmarkt

Im folgenden Abschnitt wird sich mit der Frage beschäftigt, welche Relevanz privat finanzierte, elektive[21] Leistungen auf den zweiten Gesundheitsmarkt haben. Es muss aufmerksam gemacht werden, dass es zum Teil schwierig ist, zwischen elektiven und nicht elektiven[22] Leistungen zu unterscheiden. Die elektiven Leistungen finden im ambulanten Bereich kaum Anwendung, denn sie werden über die Erstdiagnostik oder notfallmedizinischen Leistungen abgegolten. Die meisten Zusatzleistungen, die privat bezahlt werden, sind bei den Vertragsärzten im Katalog der IGeL geregelt. Außerhalb des ärztlichen Bereichs gibt es ein großes Feld an Leistungen, die dem Erhalt der Gesundheit oder Wiederherstellung dienen sollen. Darunter fallen z.B. therapeutische Leistungen wie Physiotherapie oder Hippotherapie[23], naturheilkundliche oder komplementärmedizinische

---

[18] Noweski, M.; a.a.O.; S. 535

[19] Noweski, M.; a.a.O.; S. 537

[20] Praxisgebühr (Kassengebühr) ist eine Zuzahlung in Höhe von zehn Euro pro Quartal, die gesetzlich Versicherte in Deutschland seit dem 1. Januar 2004 bei der ersten Inanspruchnahme von Ärzten, Zahnärzten und Psychotherapeuten bis Ende des Jahres 2012 leisten mussten.

[21] Elektive Leistungen: Ärzte bezeichnen damit Eingriffe, die nicht wirklich dringend notwendig sind (Wahloperationen) oder Operationen, bei dem der Patient sich den Zeitpunkt aussuchen kann. Notoperationen dagegen müssen sofort durchgeführt werden. Dabei handelt es sich oft um Schönheitsoperationen oder der Wunschkaiserschnitt.

[22] Bei nicht elektiven Leistungen handelt es sich um das Gegenteil von elektiven Leistungen. Dies bedeutet, dass es Leistungen sind, die dringend notwendig sind und nicht aufgeschoben werden.

[23] Hippotherapie: Gehört zum Fachbereich des therapeutischen Reitens, genau wie Heilpädagogische Förderung mit dem Pferd und die Ergotherapeutische Behandlung mit dem Pferd und das Reiten als Sport für Menschen mit Behinderungen. Es ist ein rein medizinischer Einsatz des Pferdes im Sinne einer Ergänzung der Physiotherapie auf neurophysiologischer Grundlage. Es

Anwendungen, Homöopathie und unterschiedliche Beratungsleistungen über Ernährung oder Ergonomie[24]. Versicherte haben die Möglichkeit durch Wahltarife bei Privatversicherungen oder Zusatzversicherungen bei gesetzlichen Kassen, bestimmte IGeL finanziert zu bekommen. Dadurch ist es, wie bereits erwähnt schwer, eine Abgrenzung zwischen dem ersten und zweiten Gesundheitsmarkt zu treffen. Es erfolgt eine Unterteilung in Einzelbereiche von Wahl- bzw. Wunschleistungen, die vom Gesetzgeber nicht zur medizinischen Standardversorgung gezählt und überwiegend privat bzw. durch eine private Zuzahlung finanziert werden. Der Schwerpunkt liegt bei den Marktsegmenten, in denen große Umsatzsteigerungen zu erwarten sind. Diese Segmente sind: Komplementärmedizin, Ästhetische Medizin, Mundgesundheit und die IGeL.

3.1 Komplementärmedizin und alternative Heilverfahren

Hierrunter fallen Homöopathie, Phytotherapie, Manuelle Medizin, Akupunktur, Neuraltherapie, TCM (traditionelle chinesische Medizin)[25]. Diese Verfahren finden in der hausärztlichen Versorgung immer mehr an Bedeutung. Trotz unterschiedlicher Meinungen zwischen Schulmedizin und alternativen Heilverfahren, wachsen diese Bereiche weiter zusammen und ergänzen sich in vielen Teilen. Viele Ärzte bieten gegenwärtig beides an. Sei es Homöopathie, Akupunktur und manuelle Therapien (sanfte Chiropraktik, Osteopathie, Massage, energetische Arbeiten z.B. Akkupunktmassage, Kinesiologie, Schröpfmassagen). Bei vielen Verfahren fehlt der klinische Nachweis für die Wirksamkeit, um durch den Gemeinsamen Bundesausschuss (G-BA)[26] zugelassen zu werden. Aus diesem Grund werden Heilpraktiker Leistungen nur von wenigen gesetzlichen Kassen bezahlt. Vertragsärzte können diese Leistungen bei bestehenden

---

handelt sich dabei um eine physiotherapeutische Einzelbehandlungsmaßnahme, die in ein therapeutisches Gesamtbehandlungskonzept eingebunden ist.

[24] Ergonomie ist die Wissenschaft von menschlicher Arbeit. Es ist die Anpassung der Arbeitsbedingungen an Menschen. Ziel ist, eine gute Arbeitsatmosphäre zu schaffen und die Bedingungen so zu gestalten, dass möglichst geringe gesundheitliche Belastung entsteht.

[25] TCM ist eine Heilkunst, deren Ursprung in China zu finden ist. Es erfolgt keine Trennung zwischen Körper und Geist und setzt auf ganzheitliche Betrachtung des Patienten. Die Behandlung basiert auf den fünf Säulen: Akupunktur – Nadelung inkl. Schröpfen und Moxibustion, Diätetik – Ernährungslehre, Heilkräutertherapie – Beinhaltet pflanzliche, mineralische und tierische Stoffe, Massage – Tuina, Gua Sha und Bewegungslehre – Qi-Gong

[26] Gemeinsamer Bundesausschuss ist das höchste Gremium der gemeinsamen Selbstverwaltung im deutschen Gesundheitswesen. Der Gesetzgeber hat ihn beauftragt, in vielen Bereichen über den Leistungsanspruch der Solidargemeinschaft von gesetzlich Versicherten rechtsverbindlich zu entscheiden.

Selektivverträgen[27] mit den Kassen abrechnen. Laut Gesundheitsberichterstattung des Bundes führten im Jahr 2013 knapp 58.000 Ärzte Leistungen der Alternativmedizin durch, im Jahr 2005 waren es nur rund 39.000 Ärzte.[28] Private Kassen haben im Jahr 2011 rund 293 Mio. Euro für Heilpraktiker Leistungen ausgegeben.[29] Immer mehr Menschen finden Gefallen an Heilpraktiker Leistungen. Die Gründe für die erhöhte Nachfrage nach diesen Methoden liegen in der besseren Verträglichkeit und der geringeren Nebenwirkungen. Ältere Patienten sind alternativmedizinischen Methoden gegenüber eher abgeneigt.[30]

3.2 Ästhetischen Medizin

In den Bereich fallen medizinischen Behandlungen, die nicht ärztlich indiziert sind, sondern nur der Verschönerung dienen. Dabei kann es sich um plastisch-chirurgische Eingriffe, die klassische Schönheitsoperation oder um andere minimalinvasive Verfahren z.B. Botox Injektionen handeln. 2012 gab es rund 1600 Ärzte, die in der ästhetischen Chirurgie tätig waren.[31] Das Marktvolumen in der ästhetisch-praktischen Chirurgie wird auf ca. 570 Mio. Euro pro Jahr geschätzt.[32] Nach Angaben der Gesellschaft für Ästhetische Chirurgie Deutschland e.V. (GÄCD) wurden im Jahr 2010 rund 117.000 Schönheits-Operationen und rund 134.000 Faltenbehandlungen durchgeführt.[33] In den letzten Jahren stieg die Zahl der Schönheitsbehandlungen weiter an.[34]

---

[27] Selektivvertrag, ist ein Vertrag zwischen einzelnen Krankenkassen und einzelnen Leistungserbringer, dabei handelt es sich um einen Einzelvertrag.

[28] Entwicklungschancen des Zweiten Gesundheitsmarktes; http://www.gesundheitswirtschaft-rhein-main.de/uploads/media/Studie_Zweiter_Gesundheitsmarkt_gwrm_2014_01.pdf; S. 31; vom 21.01.2015

[29] Denise Becka, D.; Cirkel, M.; Dahlbeck, E.; Hilbert, J.; a.a.O.; S. 31

[30] Denise Becka, D.; Cirkel, M.; Dahlbeck, E.; Hilbert, J.; a.a.O.; S. 31

[31] Denise Becka, D.; Cirkel, M.; Dahlbeck, E.; Hilbert, J.; a.a.O.; S. 27

[32] Denise Becka, D.; Cirkel, M.; Dahlbeck, E.; Hilbert, J.; a.a.O.; S. 27

[33] Neue Statistik der Schönheitsoperationen; http://www.gacd.de/fileadmin/user_upload/pdf/presse2011/Presseinformation_Jahresstatistik_Scho enheitsoperationen.pdf; S. 2; vom 20.01.2015

[34] Denise Becka, D.; Cirkel, M.; Dahlbeck, E.; Hilbert, J.; a.a.O.; S. 27

3.3 Mundgesundheit

Dieser Bereich kann in Zahnärzte und Zechtechniker unterteilt werden. Im zahnärztlichen Bereich sind Zuzahlungen, meist bei Zahnersatz, eine gängige Methode. Die Gesamtausgaben für zahnärztliche Leistungen und Zahnersatz machen 5 %, bzw. 2 % bei zahntechnischen Leistungen, der Gesamtausgaben der gesetzlichen Krankenkassen aus, was ca. 2 Mrd. Euro pro Jahr beträgt.[35] Das Institut der Deutschen Zahnärzte[36] hat eine Prognose zum Umsatzwachstum aller zahnerhaltenden Leistungsbereiche bis 2030 vorgelegt. Besonders auffällig ist die Zunahme des Anteils der privat finanzierten Leistungen von 29,6 % (6,73 Mrd. Euro) auf 39,8 % (10,76 Mrd. Euro).[37] Trotz der Prävention wird sich bedingt durch die Alterung der Bevölkerung der Anteil der Prothetik auch weiterhin auf einem konstant hohen Niveau bewegen. Für den zahntechnischen Bereich hat die Abrechnung den Nachteil, dass der Patient nicht direkt mit dem Labor abrechnet, sondern die Leistungen über den Zahnarzt bezahlt werden. Die größte Herausforderung liegt in der wachsenden Konkurrenz und der zunehmenden Zahl Billiganbietern im In- und Ausland.[38]

3.4 Individuelle Gesundheitsleistungen[39]

Sind ärztliche und zahnärztliche Leistungen, die nicht im Leistungskatalog der gesetzlichen Krankenkassen (GKV) vorhanden sind und somit vom Patienten privat bezahlt werden müssen. Der Umsatz dieser IGeL steigt stetig an, macht aber nur ca. 4,5 % des Umsatzes in der vertragsärztlichen Versorgung aus.

3.5 Die maßgeschneiderte Gesundheitsförderung

Diese zielt auf die individuelle Vorhersehbarkeit, Behandlung und Vermeidung von Krankheiten bei einzelnen Patienten ab. Dabei sind die persönlichen und

---

[35] Denise Becka, D.; Cirkel, M.; Dahlbeck, E.; Hilbert, J.; a.a.O.; S. 25

[36] Institut der Deutschen Zahnärzte, IDZ, gemeinsame Forschungseinrichtung der Bundeszahnärztekammer und der Kassenzahnärztlichen Bundesvereinigung K. d. ö. R. (KZBV)

[37] Prognose der Zahnärztezahl und des Bedarfs an zahnärztlichen Leistungen bis zum Jahr 2030; http://www.idz-koeln.de/info.htm?www3.idz-koeln.de/idzpubl3.nsf/(veroeff-I-NEU)/DBAF6C48ED53A81DC125756A0034E49E vom 19.01.2015

[38] Denise Becka, D.; Cirkel, M.; Dahlbeck, E.; Hilbert, J.; a.a.O.; S. 26

[39] Was sind "individuelle Gesundheitsleistungen" (IGeL)?; http://www.aok.de/bundesweit/gesundheit/ige-leistungen-grundlagen-5294.php vom 19.01.2015

individuellen Informationen über den Patienten von besonderer Wichtigkeit, um die Entstehung der Krankheit und die Behandlungsmöglichkeiten zu analysieren. Es haben sich zwei unterschiedliche Trends herausgebildet.[40] [41] Dadurch kann ein Medikament, welches für die große Masse geeignet ist, für einen Patienten aufgrund genetischer Besonderheiten, nicht wirksam sein oder es kann zu Nebenwirkungen kommen.[42] Wenn diese Patienten herausgefiltert werden und eine individuelle Therapie bekommen, erhöht sich die Wahrscheinlichkeit des Therapieerfolges. Dadurch können auch Folgekosten, wie z.b. Pflegekosten vermieden werden.

3.6 Das betriebliche Gesundheitsmanagement (BGM)

Es wird aufgrund des demografischen Wandels und der Rückgang der Nachwuchskräfte immer bedeutender. Arbeitnehmer bleiben länger am Arbeitsplatz und das Unternehmen hat die Aufgabe die Gesundheit der Arbeitnehmer am Arbeitsplatz zu fördern. Das Unternehmen tritt daher als Nachfrager auf dem zweiten Gesundheitsmarkt auf, indem es sich stärker und aktiv um die Gesunderhaltung seiner Mitarbeiter bemüht und Leistungen aus diesem Markt bezieht. Das BGM gestaltet Prozesse und Strukturen so, dass die Gesundheit der Mitarbeiter weiter gefördert wird. Das BGM soll das Wohlbefinden am Arbeitsplatz verbessern, Gesundheitspotenziale der Mitarbeitenden stärken und Krankheiten am Arbeitsplatz vorbeugen. Schätzungen zufolge beträgt das Marktvolumen für Arbeitsschutz und BGM zwischen 3,5 Mrd. Euro und 4,5 Mrd. Euro im Jahr.[43] In Zukunft wird mit einem Volumenzuwachs von bis zu 5 Mrd. Euro in Deutschland gerechnet.[44]

3.7 Private Haushalte

Private Haushalte spielen schon immer eine Rolle auf dem ersten und zweiten Gesundheitsmarkt. Sei es das Pflegen von Angehörigen, das Auskurieren geringfügiger Erkrankungen oder Betreuung pflegebedürftiger Familienmitglieder. Die Unterstützung älterer und gesundheitlich eingeschränkter Menschen im privaten Haushalt erstreckt sich auf viele Bereiche des täglichen Lebens und geht

---

[40] Denise Becka, D.; Cirkel, M.; Dahlbeck, E.; Hilbert, J.; a.a.O.; S. 33

[41] Denise Becka, D.; Cirkel, M.; Dahlbeck, E.; Hilbert, J.; a.a.O.; S. 33

[42] Denise Becka, D.; Cirkel, M.; Dahlbeck, E.; Hilbert, J.; a.a.O.; S. 33

[43] Denise Becka, D.; Cirkel, M.; Dahlbeck, E.; Hilbert, J.; a.a.O.; S. 35

[44] Denise Becka, D.; Cirkel, M.; Dahlbeck, E.; Hilbert, J.; a.a.O.; S. 35

dabei über reine Gesundheitsdienstleistungen hinaus. Dienstleistungen, die über die Primärversorgung hinaus gehen und somit auf dem zweiten Gesundheitsmarkt zu finden sind, können sich in den Bereichen Wohnungswirtschaft und Haustechnik, das Handwerk, die Sozialwirtschaft und verschiedene Anbieter aus dem Dienstleistungssektor wiederfinden. Auch gesundheitsbezogene Branchen wie die Pharmaindustrie und Medizintechnik oder klassische Gesundheitsanbieter entwickeln innovative Angebote als Zusatzdienste und können so neue Geschäftsfelder erschließen. Es muss auch die Brache der Informations- und Kommunikationstechnologien beleuchtet werden, denn dieser Bereich bringt neue Innovationen und Möglichkeiten auf den Markt, mithilfe die Kunden mobiler sein können. Im IT-Bereich gibt es neue Lösungen, die mobil mit Smartphones oder Tablet PCs genutzt werden können. Anwendungsbeispiele neuer Technologien können z.B. Hausnotrufsysteme, Monitoring- und Informationssysteme,[45] barrierefreie Wohnraumgestaltung, Sturzsensoren in Bodenbelägen, intelligente Kleidung oder Service-Roboter sein. Im Bereich des Handwerkes geht es überwiegend um die Umbaumaßnahmen zu barrierefreien Wohnungen. Die Pflegekassen zahlen bei einer Pflegestufe einen Anteil an dem Umbau, der Rest muss privat finanziert werden. Auch kann sich der Kunde bei einer chronischen Erkrankung an dem Projekt der Telemedizin anschließen. Dabei werden Vitalfunktionen ständig überwacht und bei Problemen sofort Gegenmaßnahmen eingeleitet. Neben den klassischen Kommunikationsdienstleistungen hat die Verwendung von Apps immer weiter Einzug in das tägliche Leben genommen. Gesundheitliche Apps werden zur Dokumentation sportlicher Leistungen, als Erinnerungsfunktion zur Medikamenteneinnahme, zur Überwachung des Gesundheitszustandes durch die Erfassung von Vitaldaten oder für das Abrufen von Gesundheitsinformationen genutzt. Einer Prognose zu Folge wird dieser sogenannte mHealth[46] Markt bis 2017 weltweit auf 23 Mrd. US $ wachsen.[47]

3.8 Gesundheitstourismus und Medical Wellness

Auch dies sind bedeutende Bereiche im zweiten Gesundheitsmarkt. Im Jahr 2011 hatten rund 22 % der deutschen Bevölkerung Interesse an Wellnessurlaub, in den

---

[45] Denise Becka, D.; Cirkel, M.; Dahlbeck, E.; Hilbert, J.; a.a.O.; S. 35

[46] Mobile Health, kurz mHealth, sind mobile Dienste wie z.B. Apps für das Smartphone

[47] Denise Becka, D.; Cirkel, M.; Dahlbeck, E.; Hilbert, J.; a.a.O.; S. 35

nächsten Jahren wird dieses Interesse weiter steigen.[48] Gründe dafür sind, das wachsende Gesundheitsbewusstsein und die Bereitschaft privat in die Gesundheit zu investieren. Das Merkmal des Gesundheitstourismus ist die Inanspruchnahme von gesundheitsbezogenen Dienstleistungen. Sei es die Kur, der reine Wellnessurlaub oder der Medical Wellness Urlaub[49].

4 Gründe für Innovation und Wachstum

Welche unterschiedlichen Bereiche gibt es auf dem zweiten Gesundheitsmarkt? Welche bieten Innovationschancen und Wachstumsmöglichkeiten? Es kann eine Unterteilung in Bereiche für chronisch Kranke, Diabetes, Krebs, die Diagnose und Behandlung chronischer Krankheiten wie Herz-Kreislauferkrankungen, Atemwegserkrankungen, oder chronische Rückenschmerzen erfolgen.[50] Es gibt unterschiedliche Bereiche für Senioren, bei der jede Form von Dienstleistungen zur Betreuung und Begleitung von älteren Menschen betrachtet werden. Und es gibt Zweige für das gesamte Wohlbefinden der Kunden zur Erhaltung und Förderung der Vitalität.

4.1 Medizinisch-technischer Fortschritt

Die Innovationen im Bereich von Transfer, Übertragung von Technologien und Verfahren aus dem industriellen Bereich werden steigen.[51] Es wird immer mehr Vernetzungskonzepte geben, die in die ambulant/ stationär integrierte Versorgung

---

[48] Denise Becka, D.; Cirkel, M.; Dahlbeck, E.; Hilbert, J.; a.a.O.; S. 36

[49] Medical Wellness beinhaltet gesundheitswissenschaftlich begleitete Maßnahmen zur nachhaltigen Verbesserung der Lebensqualität und des subjektiven Gesundheitsempfindens durch eigenverantwortliche Prävention und Gesundheitsförderung sowie der Motivation zu einem gesundheitsbewussten Lebensstil. Medical Wellness ist keine ärztliche Behandlung, sondern Verhaltensmedizin.; http://wellnessverband.de/medical_wellness/index.php vom 27.01.2015

[50] Weltweite Gesundheitswirtschaft – Chancen für Deutschland; http://www.rolandberger.de/media/pdf/Roland_Berger_Weltweite_Gesundheitswirtschaft_D_20110 901.pdf vom 19.01.2015

[51] Weltweite Gesundheitswirtschaft – Chancen für Deutschland; http://www.rolandberger.de/media/pdf/Roland_Berger_Weltweite_Gesundheitswirtschaft_D_20110 901.pdf vom 19.01.2015

eingreifen. Was übergreifend vom zweiten in den ersten Gesundheitsmarkt passieren wird.[52] Es wird sich weiterhin viel in der Medizintechnik tun.

4.2 Demografischer Wandel

Die Gesellschaft wird in der heutigen Zeit immer älter. Ältere Menschen sind immer besser abgesichert und möchten ihre Lebensqualität und Gesundheit lange erhalten.[53] Die Gesundheitssysteme sind überlastet. Die gesetzlichen Krankenversicherungen haben nur beschränkte Möglichkeiten in ihren Leistungen, dadurch steigt die Eigenbeteiligung der Patienten. Die Bereitschaft der Patienten in die eigene Gesundheit zu investieren nimmt zu. Eigenvorsorge und Prävention gewinnen an Bedeutung, um Gesundheit und Leistungsfähigkeit zu erhalten.[54] Gesundheit, Fitness und Leistungsfähigkeit sind heutzutage ein Maßstab für soziale Anerkennung. Die Gesundheit ist ein wichtiger Wert im Leben. Die Patienten versuchen ihren eigenen körperlichen, geistigen und seelischen Zustand zu verbessern. Die Balance zwischen Arbeit und Leben (Work-Life-Balance)[55] wird immer wichtiger. Die chronischen Wohlstandserkrankungen, z.B. Erkrankungen des Stütz- und Bewegungsapparates, Herz-Kreislauf-Erkrankungen und Allergien, nehmen weiter zu und erfordern präventive und therapeutische Maßnahmen. Viele Patienten suchen nach Therapien, Hilfen und speziellen Angeboten. Viele Menschen leiden unter psychosomatische Störungen, die durch die steigende Arbeit- und Alltagsbelastung, die Auflösung von Familienstrukturen und den Verlust von sozialer und gesellschaftlicher Sicherheit, bedingt sind. Diese Patienten suchen als Ausgleich Ruhe, Entspannung, Wohlbefinden und einen Gegenpol zum Alltag. Solche Leistungen sind auf dem zweiten Gesundheitsmarkt zu finden.[56]

---

[52] Weltweite Gesundheitswirtschaft – Chancen für Deutschland; http://www.rolandberger.de/media/pdf/Roland_Berger_Weltweite_Gesundheitswirtschaft_D_20110 901.pdf vom 19.01.2015

[53] Die neue Kur als Wachstumsmotor in Deutschland; http://www.deutscher-heilbaederverband.de/Grundsatzpapier-672829.pdf vom 13.01.2015

[54] Die neue Kur als Wachstumsmotor in Deutschland; http://www.deutscher-heilbaederverband.de/Grundsatzpapier-672829.pdf vom 13.01.2015

[55] Ziel von Work-Life-Balance ist die bessere Vereinbarkeit von Beruf und Familie bzw. Privatleben.

[56] Die neue Kur als Wachstumsmotor in Deutschland; http://www.deutscher-heilbaederverband.de/Grundsatzpapier-672829.pdf vom 13.01.2015

4.3 Gesundheitstourismus/ Wellness

Der Markt des Gesundheitstourismus wird Weiterentwicklungen durchleben. Er wird von Marktbestimmenden Trends beeinflusst. Die Märkte polarisieren[57] sich weiter, die Qualität steigt, und die Anbieter müssen sich in Zukunft positionieren, entweder wollen sie qualitativ hochwertige Produkte anbieten oder günstige Produkte. Die Chancen auf diesem Markt liegen in der Qualität und nicht im Preis.[58] Der Markt wird sich weiter revolutionieren, er bewegt sich in einem Spannungsfeld aus Erlebnis, Preis, Lebensqualität, Luxus, Komfort und Bequemlichkeit. Die gesundheitstouristischen Angebote haben immer mehr Erlebnischarakter und dies wird weiterhin den Markterfolg entscheiden.[59] Menschen über 50 Jahre werden die neue Zielgruppe sein. Diese Generation ist immer wohlhabender, selbstbewusster und marktbestimmender. Der Gesundheitstourismus könnte von dieser Zielgruppe sehr stark profitieren.[60] Es gibt eine Tendenz zur Markenbildung. Die Kunden erwarten immer bessere Qualität und Leistungen, und da diese im Vorfeld nicht bewertet werden können, werden Marken eine wichtige Orientierungshilfe beim Kauf darstellen.[61] Auch die Nachfrage seitens der Kunden nach Gesundheits- und Wellnessreisen nimmt stetig zu. Dabei handelt es sich um Gesundheitsurlaub, Kuren, Wellness- und Fitnessreisen. Kunden suchen Ruhe, Entspannung, gesunde Ernährung, Schönheits- und Körperpflege Angebote. Bei den Zielgruppen handelt es sich oft um karriereorientierte arbeitsüberlastete Männer, belastete Frauen, gut verdienende Ältere und gesundheitsbewusste Senioren. Auch das Einkommen und der Bildungsstand spielt bei der Nachfrage eine große Rolle. Kunden wollen „sich etwas gönnen/verwöhnen", dabei verfügen sich über mehr Reiseerfahrung, informieren sich besser und haben eine große Vergleichsmöglichkeit zwischen den Angeboten. Es werden häufiger Kurzurlaube gebucht und es wird ein gutes

---

[57] Polarisieren bedeutet "Gegensätze schaffen" oder "trennen". Es bedeutet das Trennen einer Gruppe in verschiedene Lager mit unterschiedlichen Ansichten.

[58] Die neue Kur als Wachstumsmotor in Deutschland; http://www.deutscher-heilbaederverband.de/Grundsatzpapier-672829.pdf vom 13.01.2015

[59] Die neue Kur als Wachstumsmotor in Deutschland; http://www.deutscher-heilbaederverband.de/Grundsatzpapier-672829.pdf vom 13.01.2015

[60] Die neue Kur als Wachstumsmotor in Deutschland; http://www.deutscher-heilbaederverband.de/Grundsatzpapier-672829.pdf vom 13.01.2015

[61] Die neue Kur als Wachstumsmotor in Deutschland; http://www.deutscher-heilbaederverband.de/Grundsatzpapier-672829.pdf vom 13.01.2015

Preis-Leistungsverhältnis erwartet. Die Pauschalreise verliert an Reiz, Kunden möchten individueller verreisen. Es werden zugeschnittene Programme gebucht und der Markt muss darauf reagieren. Die Flexibilität der Kunden darf auch nicht außer Acht gelassen werden. Kunden buchen immer kurzfristiger und der Markt muss sich darauf einstellen.[62]

5 Aussichten und Erwartungen

In den nächsten Jahren wird eine große Marktausdehnung erwartet. Diese Erwartungen beruhen auf folgenden Vermutungen:

- Die Lebenserwartung wächst in den nächsten Jahren weiter an.[63]
- Ältere Menschen benötigen häufiger medizinische Versorgung.[64]
- Die medizinische Weiterentwicklung steht am Anfang einer Entwicklung, die zu einem Anstieg des Versorgungsbedarfs führen.[65]
- Der „kulturelle Megatrend" zu Gesundheitsbewusstsein und Leistungen über den gesetzlichen Leistungskatalog hinaus, sorgen für eine große Nachfrage am Markt.[66]

Die zukünftige Weiterentwicklung des Marktes hängt jedoch nicht primär von demografischen und epidemiologischen[67] Faktoren ab, sondern hauptsächlich von den Angeboten und der kaufkräftigen Nachfrage. Viele Akteure sind auf beiden Märkten aktiv, und somit wachsen beide Märkte immer weiter zusammen. Wie in der Abbildung zu erkennen ist, lässt es sich am Beispiel der Krankenversicherung gut erklären. Die Versicherung trägt im Krankheitsfall die

---

[62] Die neue Kur als Wachstumsmotor in Deutschland; http://www.deutscher-heilbaederverband.de/Grundsatzpapier-672829.pdf vom 13.01.2015

[63] Niehoff, J.; Gesundheitssicherung, Gesundheitsversorgung, Gesundheitsmanagement; 1. Auflage; Berlin 2008; S. 237

[64] Niehoff, J.; a.a.O.; S. 237

[65] Niehoff, J.; a.a.O.; S. 237

[66] Niehoff, J.; a.a.O.; S. 237

[67] Die Epidemiologie ist ein Teilgebiet der Medizin, das die Verteilung von Krankheiten in einer Bevölkerung und die damit zusammenhängenden Merkmale untersucht. Die Epidemiologie ermöglicht Aussagen über die Häufigkeit bzw. Seltenheit einer Erkrankung in einer Bevölkerungsgruppe.

Kosten, parallel dazu gibt es in vielen Unternehmen ein betriebliches Gesundheitsmanagement, welches für Prävention am Arbeitsplatz sorgt.

Die Gesamtausgaben des Gesundheitsmarktes und das Marktvolumen im Jahr 2003 betrugen rund 254 Mrd. Euro[68]. Es fallen rund 20 % dieser Ausgaben auf den zweiten Gesundheitsmarkt. Diese rund 49 Mrd. Euro können unterteilt werden in Gesundheitsausgaben und sonstige Ausgaben für Gesundheit unterteilt. Die Gesundheitsausgaben betrugen rund 29 Mrd. Euro[69], darunter fallen freiverkäufliche Arzneimittel, freiwillige ärztliche Leistungen, Prävention, alternative Medizin etc. Der Teil für sonstige Ausgaben für Gesundheit beträgt rund 20 Mrd. Euro und es fallen darunter z.B. Fitness, Wellness, Gesundheitstourismus, Bio-Lebensmittel, Funktional Food etc.[70]

Die Interessen der Kunden haben sich geändert und somit reagieren immer mehr Firmen auf diese Entwicklung des zweiten Gesundheitsmarktes. Es werden immer mehr Angebote für diesen Markt entwickelt, denn der Markt wächst stetig weiter weil die Patienten sich zu Kunden gewandelt haben. Die Firmen haben die Möglichkeit in viele neue Geschäftsfelder einzutauchen. Investitionen können sich sehr lohnen, wenn das Unternehmen den Markt versteht und auf die Bedürfnisse der Kunden eingeht.[71] Die Wachstumsantreiber für den gesamten Gesundheitsmarkt, wie demographischer Wandel, der medizinisch-technische Fortschritt sind auf dem zweiten Gesundheitsmarkt deutlich zu spüren.[72] Die Kunden haben Interesse an ihrer Gesundheit und dadurch wird dieser privat finanzierte Markt weiter wachsen.[73] Ein Anstieg der Nachfrage nach Gesundheitsleistungen ist weiter spürbar, denn in den nächsten Jahren gehen

---

[68] Der Gesundheitsmarkt; http://www.bmwi.de/BMWi/Redaktion/PDF/G/gesundheitswirtschaft-workshop2-kartte-gesundheitsmarkt vom 19.01.2015

[69] Der Gesundheitsmarkt; http://www.bmwi.de/BMWi/Redaktion/PDF/G/gesundheitswirtschaft-workshop2-kartte-gesundheitsmarkt vom 19.01.2015

[70] Der Gesundheitsmarkt; http://www.bmwi.de/BMWi/Redaktion/PDF/G/gesundheitswirtschaft-workshop2-kartte-gesundheitsmarkt vom 19.01.2015

[71] Der Gesundheitsmarkt; http://www.bmwi.de/BMWi/Redaktion/PDF/G/gesundheitswirtschaft-workshop2-kartte-gesundheitsmarkt vom 19.01.2015

[72] Gesundheitsmarkt - ein Wachstumsmotor?; https://www.allianz.com/v_1339504027000/media/current/images/pdf/saobj_1130504_working_paper_boommarkt_gesundheit.pdf vom 21.01.2015

[73] Erfolg auf dem Gesundheitsmarkt; http://www.rolandberger.de/media/pdf/Roland_Berger_Erfolg_auf_Gesundheitsmarkt_D_20111011.pdf vom 25.01.2015

die „geburtenstarken Jahrgänge"[74] in Rente und benötigen vermehrt gesundheitliche Versorgung.

---

[74] Geburtenstarke Jahrgänge, waren in der Zeit nach dem Zweiten Weltkrieg oder anderen Kriegen in den vom Krieg betroffenen Staaten geboren wurden. In Deutschland werden die im Zeitraum von 1955 bis 1969 Geborenen als geburtenstarke Jahrgänge bezeichnet.

6 Fazit

Immer mehr Menschen in Deutschland sind bereit, für ihre Gesundheit, ihre Fitness und ein gutes Wohlbefinden Geld auszugeben und nicht nur die Leistungen der Krankenkassen in Anspruch zu nehmen. Der zweite Gesundheitsmarkt gewinnt in den letzten Jahren immer mehr an Bedeutung, denn immer mehr Menschen gehen bewusster mit ihrer Gesundheit um, sich informieren und nicht mehr nur Patient sein wollen Bedingt dadurch steigt das Wachstum des zweiten Gesundheitsmarktes weiter an und die Gesundheitswirtschaft bezieht ihre Gelder nicht mehr nur aus Steuermitteln und Beiträgen der Krankenkassen. Dies hat zur Folge, dass der Wohlstand der Bevölkerung weiter steigt, es mehr Arbeitsplätze gibt und die Angebote weiter steigen.[75] Dafür reicht diesen Patienten die Versorgung des ersten Gesundheitsmarktes nicht aus und sie nutzen Dienstleistungen und Produkte aus dem zweiten Gesundheitsmarkt, die der Gesunderhaltung und dem Wohlbefinden dienen. Dazu zählen Sport, gesunde Ernährung, Wellness, Schönheitsoperationen und der sogenannte Gesundheitstourismus.[76] 2012 wurden nach Schätzungen rund 14 % der insgesamt 300 Milliarden Euro Gesundheitsausgaben durch private Haushalte finanziert.[77] Das Wachstum dieses Marktes wird in Zukunft weiter zunehmen, vor allem durch den demografischen Wandel[78] in den Bereichen Leben im Alter, Gesundheit zu Hause, individualisierte Medizin, Pharma/ Biotechnologie sowie Gesundheitstourismus wird es zu vielfältiger Entwicklung von Produkten und Dienstleistungen kommen. Studien zeigen aber auch, dass in vielen Bereichen erst noch benötigte Rahmenbedingungen für das Wachstum des Marktes geschaffen werden müssen.[79] Vor allen bei Produkten und Dienstleistungen, die es Menschen ermöglichen, auch im Alter länger in ihrer eigenen Wohnung bleiben zu können. Der Markt muss auch aus Sicht alle Anbieter und Patienten und Verbraucher weiter

---

[75] Denise Becka, D.; Cirkel, M.; Dahlbeck, E.; Hilbert, J.; a.a.O.; S. 1

[76] Gesundheitstourismus: Reisen, die als oberste Priorität medizinische Behandlungen und Gesundheitsdienstleistungen haben. Der Zweck dabei besteht für den Patienten darin, dass der Aufenthalt der psychischen Erhaltung, Stabilisierung und Wiederherstellung der Gesundheit dienen soll. Zum Beispiel Wellness, Fitness, Kur, Rehabilitation, Gesundheitsvorsorge oder operativen Eingriffe.

[77] Denise Becka, D.; Cirkel, M.; Dahlbeck, E.; Hilbert, J.; a.a.O.; S. 1

[78] Trend und Veränderung der Bevölkerung hinsichtlich der Altersstruktur, dem quantitativen Verhältnis von Frauen und Männern, Anteilen von Inländern, Ausländern und Eingebürgerten, der Geburten- und Sterbefallentwicklung, den Zuzügen und Fortzügen.

[79] Denise Becka, D.; Cirkel, M.; Dahlbeck, E.; Hilbert, J.; a.a.O.; S. 1

gefördert werden, damit diese auch davon profitieren. Es müssen Vernetzungen zwischen ersten und zweiten Gesundheitsmarkt geschaffen werden, es müssen neue Lösungswege aufgezeigt werden und die Politik muss geeignete Rahmenbedingungen schaffen, damit der Markt weiter wachsen kann. Durch dieses Wachstum werden die Innovationen angetrieben.[80] Je mehr der Markt wächst, je mehr werden Unternehmen weiter investieren, forschen und Innovationen finden. Fachleute sehen den medizinisch-technischen Fortschritt als einen der wichtigsten Faktoren für das weitere Wachstum des zweiten Gesundheitsmarktes.[81] Der gesundheitliche Wirtschaftsbereich gehört zu den am schnellsten wachsenden Sektoren der deutschen Volkswirtschaft.[82] Die Nachfrage nach Leistungen und Produkten steigt weiter an. Die Bruttowertschöpfung beträgt im Jahr mittlerweile über 200 Mrd. Euro, es gibt mehr als fünf Millionen Beschäftigte, was rund 13 % der Gesamtbeschäftigten[83] ausmacht, und die Branche steigt weiter.[84] Der Gesundheitsbereich ist ein guter Stabilisator in der Wirtschaftskrise, vor allem, wenn alle angrenzenden Branchen die Güter und Dienstleistungen für die Gesundheitsversorgung produzieren, mit einberechnet werden. Der zweite Gesundheitsmarkt ist schwerer zu erfassen, als der erste, aber es wird von einem geschätzten Marktvolumen von 40 – 60 Mrd. Euro im Jahr ausgegangen. Es wird von einer Wachstumsrate von bis zu 6 % im Jahr ausgegangen.[85]

Im Jahr 2005 waren im Gesundheitsbereich 5,4 Mio. Personen beschäftigt und laut einer Studie[86] werden bis zum Jahr 2030 mehr als 7,4 Mio. Beschäftigte in diesem

---

[80] Denise Becka, D.; Cirkel, M.; Dahlbeck, E.; Hilbert, J.; a.a.O.; S. 1

[81] Henke, K.-D., Cobbers, B.; Die Berliner Gesundheitswirtschaft; 2. Auflage 2006; Berlin; S. 91

[82] Gesundheit - Wachstumsmotor Gesundheitswirtschaft;
https://www.muenchen.ihk.de/de/WirUeberUns/Publikationen/Magazin-wirtschaft-/Aktuelle-Ausgabe-und-Archiv2/Magazin-07-08-2010/Politik-und-Standort/Gesundheit-Wachstumsmotor-Gesundheitswirtschaft vom 13.01.2015

[83] Lohmann, H., Wehkamp, K.-H.; Innovationsfaktor Gesundheitswirtschaft: Die Branche mit Zukunft; 1. Auflage 2004; Landshut; S. 19

[84] Gesundheit - Wachstumsmotor Gesundheitswirtschaft;
https://www.muenchen.ihk.de/de/WirUeberUns/Publikationen/Magazin-wirtschaft-/Aktuelle-Ausgabe-und-Archiv2/Magazin-07-08-2010/Politik-und-Standort/Gesundheit-Wachstumsmotor-Gesundheitswirtschaft vom 13.01.2015

[85] Die neue Kur als Wachstumsmotor in Deutschland; http://www.deutscher-heilbaederverband.de/Grundsatzpapier-672829.pdf vom 13.01.2015

[86] Gesundheit - Wachstumsmotor Gesundheitswirtschaft;
https://www.muenchen.ihk.de/de/WirUeberUns/Publikationen/Magazin-wirtschaft-/Aktuelle-

Bereich tätig sein. Der Anteil der Gesundheitswirtschaft an der Bruttowertschöpfung in Deutschland wird sich laut der Studie von 10,2 % in 2005 auf 13,1 % bis 2030 erhöhen. Die Gesundheitsbranche ist sehr stabil, da sie unabhängig von konjunkturellen Schwankungen die Grundbedürfnisse der Bevölkerung befriedigt. Dies wird auch in Zukunft so bleiben, allein schon durch den stetig wachsenden Bedarf in der medizinischen Versorgung bei der immer älter werdenden Bevölkerung.

In der Zukunft wird die gesetzliche Krankenversicherung weiter eine grundlegende Rolle spielen, aber die Eigenleistungen der Patienten und privater Zusatzversicherungen werden immer mehr. Im ersten Gesundheitsmarkt wird der Markt nur noch bedingt weiter wachsen, da die Kassen einen begrenzten finanziellen Rahmen besitzen. Der zweite Gesundheitsmarkt wird aber weiter wachsen. Die Abgrenzung zwischen den beiden Märkten ist nicht immer ersichtlich, viele Akteure sind in beiden Märkten zu finden. Vertragsärzte können Patienten Leistungen aus dem Katalog der gesetzlichen Krankenasse anbieten und zusätzlich IGeL, die der Patient dann selbst bezahlen muss. Zum Beispiel agieren die deutschen Kurorte und Heilbäder auf beiden Märkten, denn die Kostenträger Renten- und Krankenversicherung übernehmen schon längerer Zeit nicht mehr alle Kosten, sondern fordern Zuzahlungen vom Patienten.[87]

Ausgabe-und-Archiv2/Magazin-07-08-2010/Politik-und-Standort/Gesundheit-Wachstumsmotor-Gesundheitswirtschaft vom 13.01.2015

[87] Die neue Kur als Wachstumsmotor in Deutschland; http://www.deutscher-heilbaederverband.de/Grundsatzpapier-672829.pdf vom 13.01.2015

7 Anhang

Auszug aus dem IGeL Leistungskatalog[88]

Vorsorge-Untersuchungen

- Zusätzliche jährliche Gesundheitsuntersuchung ("Intervall-Check")
- Ergänzungsuntersuchungen zu den Kinder-Früherkennungsuntersuchungen bis zum 14. Lebensjahr ("Kinder-Intervall-Check")
- Fachbezogene Gesundheitsuntersuchung auf Wunsch des Patienten ("Facharzt-Check")
- Umfassende ambulante Vorsorge-Untersuchung ("General-Check")
- Sonographischer Check-up der inneren Organe ("Sono-Check")

Doppler-Sonographie der hirnversorgenden Gefäße bei fehlenden anamnestischen oder klinischen Auffälligkeiten

- Lungenfunktionsprüfung (z.B. im Rahmen eines "General-Check")
- Untersuchung zur Früherkennung des Prostata-Karzinoms mittels Bestimmung des Prostata-spezifischen Antigens (PSA) und ggf. transrektaler Sonographie
- Untersuchung zur Früherkennung von Schwachsichtigkeit und Schielen im Kleinkind- und Vorschulalter *
- Glaukom Früherkennung mittels Perimetrie, Ophthalmoskopie und/oder Tonometrie

Freizeit, Urlaub, Sport, Beruf

- Reisemedizinische Beratung, einschließlich Impfberatung
- Reisemedizinische Impfungen
- Sportmedizinische Beratung
- Sportmedizinische Vorsorge-Untersuchung
- Sportmedizinischer Fitness-Test
- Eignungsuntersuchungen (z.B. für Reisen, Flugtauglichkeit, Tauchsport)

---

[88] IGeL - Individuelle Gesundheits-Leistungen; http://www.e-bis.de/igel/igelidx.htm vom 22.01.2015

- Ärztliche Berufseignungsuntersuchung

Medizinisch-kosmetische Leistungen

- Medizinisch-kosmetische Beratung
- Sonnenlicht- und Hauttyp-Beratung
- Tests zur Prüfung der Verträglichkeit von Kosmetika
- Behandlung der androgenetischen Alopezie bei Männern (Glatzenbehandlung)
- Epilation von Haaren außer bei krankhaftem und entstellendem Haarwuchs an Händen und Gesicht
- Ästhetische Operationen (z.B. Facelifting, Nasen-, Lid- und Brust-korrektur, Fettabsaugung)
- Korrektur störender Hautveränderungen außerhalb der GKV-Leistungspflicht
- Beseitigung von Besenreiser-Varizen
- Entfernung von Tätowierungen
- Peeling-Behandlung zur Verbesserung des Hautreliefs
- UV-Bestrahlungen aus kosmetischen Gründen

Umweltmedizin

- Umweltmedizinische Erst- und Folgeanamnese
- Eingehende umweltmedizinische Beratung
- Umweltmedizinische Wohnraumbegehung
- Umweltmedizinische Schadstoffmessungen
- Umweltmedizinisches Biomonitoring
- Erstellung eines umweltmedizinisch begründeten Behandlungskonzeptes
- Umweltmedizinisches Gutachten

Psychotherapeutische Angebote

- Psychotherapeutische Verfahren zur Selbsterfahrung ohne medizinische Indikation
- Selbstbehauptungstraining
- Stressbewältigungstraining
- Entspannungsverfahren als Präventionsleistung

- Biofeedback-Behandlung
- Kunst- und Körpertherapien, auch als ergänzende Therapieverfahren
- Verhaltenstherapie bei Flugangst

Alternative Heilverfahren

- Akupunktur (z.B. zur Schmerzbehandlung, Allergiebehandlung)

Ärztliche Serviceleistungen

- Ärztliche Untersuchungen und Bescheinigungen außerhalb der kassenärztlichen Pflichten auf Wunsch des Patienten (z.B. Bescheinigung für Besuch vom Kindergarten, Schule/Sportverein oder bei Reiserücktritt)
- Untersuchung zur Überprüfung des intellektuellen und psychosozialen Leistungsniveaus (z.B. Schullaufbahnberatung auf Wunsch der Eltern)
- Diät-Beratung ohne Vorliegen einer Erkrankung
- Gruppenbehandlung bei Adipositas
- Raucherentwöhnung
- Beratung zur Zusammenstellung und Anwendung einer Hausapotheke
- Beratung zur Selbstmedikation im Rahmen von Prävention und Lebensführung
- Laboratoriums diagnostische Wunschleistungen
- Blutgruppenbestimmung auf Wunsch
- Anlassbezogener Labor-Teiltest auf Patientenwunsch (z.B. Leber- und Nierenwerte, Blutfette, Sexualhormone, Schilddrüsenfunktion, HIV-Test)
- Untersuchung auf Helicobacter-pylori-Besiedlung mittels 13C-Harnstoff-Atemtest als Primärdiagnostik
- Zusatzdiagnostik in der Schwangerschaft auf Wunsch der Schwangeren (z.B. AFP, Toxoplasmose, Trippeltest zur Abschätzung des M. Down)
- Tests zum Ausschluss von Metall-Allergien (z.B. auch Amalgam) ohne Vorliegen anamnestischer oder klinischer Hinweise

Sonstige Wunschleistungen

- Kontaktlinsenanpassung und -kontrolle ohne GKV-Indikation zur Kontaktlinsen-Versorgung
- Zyklusmonitoring bei Kinderwunsch ohne Vorliegen einer Sterilität
- Zusätzliche sonographische Schwangerschaftsuntersuchung auf Wunsch der Schwangeren bei Nicht-Risiko-Schwangerschaften ("Baby-Fernsehen")
- Osteodensitometrie zur Früherkennung der Osteoporose
- Injektion eines nicht zu Lasten der GKV verordnungsfähigen Arzneimittels auf Wunsch des Patienten (z.B. Vitamin- und Aufbaupräparate, knorpelschützende Präparate)
- Beschneidung ohne medizinische Indikation
- Refertilisationseingriff nach vorangegangener operativer Sterilisation
- Andrologische Diagnostik (Spermiogramm) ohne Hinweis auf Vorliegen einer Sterilität oder nach Sterilisation
- Medizinisch nicht indizierte Abklärungsdiagnostik im Rahmen der Beweissicherung nach Drittschädigung (z.B. bei HWS-Schleudertrauma)

Neuartige Untersuchungs- und Behandlungsverfahren

- Stoßwellentherapie bei orthopädischen Krankheitsbildern
- Refraktive Hornhautchirurgie zur Behandlung der Kurzsichtigkeit
- Bright-Light-Therapie der saisonalen Depression
- Apparative Schlafprofilanalyse zur Diagnostik von Schlafstörungen

Isokinetische Muskelfunktionsdiagnostik und -therapie zur Rehabilitation nach Sportverletzungen und orthopädischen Operationen

Literaturverzeichnis

Becka, D., Cirkel, M., Dahlbeck, E., Hilbert, J., *Entwicklungschancen des Zweiten Gesundheitsmarktes*, 1. Auflage, Gelsenkirchen 2014

Niehoff, J., *Gesundheitssicherung, Gesundheitsversorgung, Gesundheitsmanagement*, 1. Auflage, Berlin 2008

Noweski, M., *Der Gesundheitsmarkt*, 1. Auflage, Berlin 2008

Sozialgesetzbuch V, 18. Auflage, 2014

Umsatzsteuergesetz, 32. Auflage, 2014

Zok, K., *Private Zusatzleistungen in der Arztpraxis*, 1. Auflage, Berlin 2013

Internet

Der Gesundheitsmarkt

http://www.ggrdl.de/ggr_definitionen.html#Gesundheitsmarkt

Der Gesundheitsmarkt

http://www.bmwi.de/BMWi/Redaktion/PDF/G/gesundheitswirtschaft-workshop2-kartte-gesundheitsmarkt

Die neue Kur als Wachstumsmotor in Deutschland

http://www.deutscher-heilbaederverband.de/Grundsatzpapier-672829.pdf

Gesundheit - Wachstumsmotor Gesundheitswirtschaft

https://www.muenchen.ihk.de/de/WirUeberUns/Publikationen/Magazin-wirtschaft-/Aktuelle-Ausgabe-und-Archiv2/Magazin-07-08-2010/Politik-und-Standort/Gesundheit-Wachstumsmotor-Gesundheitswirtschaft

IGeL - Individuelle Gesundheits-Leistungen

http://www.e-bis.de/igel/igelidx.htm

Medical Wellness

http://wellnessverband.de/medical_wellness/index.php

Neue Statistik der Schönheitsoperationen

http://www.gacd.de/fileadmin/user_upload/pdf/presse2011/Presseinformation_Ja
hresstatistik_Schoenheitsoperationen.pdf

Private Zusatzleistungen in der Arztpraxis

http://www.wido.de/fileadmin/wido/downloads/pdf_wido_monitor/wido_mon_ausg
1-2013_0313.pdf

*Prognose der Zahnärztezahl und des Bedarfs an zahnärztlichen Leistungen bis
zum Jahr 2030*

http://www.idz-koeln.de/info.htm?www3.idz-koeln.de/idzpubl3.nsf/(veroeff-I-
NEU)/DBAF6C48ED53A81DC125756A0034E49E

Was sind "individuelle Gesundheitsleistungen" (IGeL)?

http://www.aok.de/bundesweit/gesundheit/ige-leistungen-grundlagen-5294.php

Was sind IGeL?

http://www.igel-monitor.de/94.htm

Weltweite Gesundheitswirtschaft – Chancen für Deutschland

http://www.rolandberger.de/media/pdf/Roland_Berger_Weltweite_Gesundheitswir
tschaft_D_20110901.pdf

CPSIA information can be obtained
at www.ICGtesting.com
Printed in the USA
BVHW080853150119
537875BV00001B/41/P